NEUE RUSSISCHE BIBLIOTHEK

ЧИТАЕМ О ВЕСЁЛОМ И СЕРЬЁЗНОМ

Cornelsen
VOLK UND WISSEN

Lustiges und Ernstes
Lesetexte, zusammengestellt und sprachlich kommentiert von
Horst Gohr und Karola Serner

www.cornelsen.de
www.vwv.de

1. Auflage, 4. Druck 2010/06

Redaktion: Regina Riemann
Reihengestaltung: Klaus Herrmann
Illustrationen und Einband: Cleo-Petra Kurze

Druck: CS-Druck CornelsenStürtz, Berlin

ISBN 987-3-06-500928-7

Inhalt gedruckt auf säurefreiem Papier aus nachhaltiger Forstwirtschaft.

Содержание

Не хочу учиться – хочу жениться 5
Ученик Ольга Прошкин 6
Витя Чумаков и экзамен 7
Гипноз 8
Две бабушки 9
Тройка 10

Любовь не картошка, не выбросишь в окошко 11
Я люблю тебя 12
Самый счастливый день 14
Почему она рассердилась 15
Я влюбился 16
Кто победит? 18
Как я покупал книги 19
Букет цветов 20
Дома должен быть порядок 21
Письмо в редакцию 22

Сперва подумай, потом говори 23
О чём говорить 24
Вот и поговорили 25
Мой отец и статистика 26
Праведный судья 28
Случай с Львом Толстым 31
Как мужик гусей делил 32

Волков бояться – в лес не ходить 33
Бобик в гостях у Барбоса 34
Гадюка 37
Всё впереди 40
Конечно 41
Медведь и заяц 42
Как Барсуку дом строили 42

И Москва не сразу строилась 43
Легенда об Урале 44
Волга и Вазуза 45
По реке Камчатке 46
Из дневника геолога 46
Экономьте время 47
Финтифлюшкин 48

Использованная литература

Будьте как дома. Москва, 1985.
Горбаневский М. Иван да Марья: Рассказы о русских именах. Москва, 1987.
Горизонт 2. Учебник русского языка. Москва, 1988.
Забавные истории. Москва, 1981.
Крючкова Л. С., Мошинская Н. В. Я пишу, пишу, пишу. Москва, 1990.
Материалы для занятий по русскому языку с иностранцами. Москва, 1967.
Носов Н. Бобик в гостях у Барбоса. Москва, 1961.
Первое знакомство с Советским Союзом. Leipzig, 1975.
По свету. Berlin.
Пособие по обучению чтению. Москва, 1988.
Рассудова О. П., Степанова Л. В. Темп. Москва, 1979.
Русский язык для всех. Москва, 1980.
Русский язык за рубежом. Москва.
Русский язык. Lehrbuch für Klasse 7 mit erweitertem Russischunterricht. Berlin, 1980.
Старт 2. Учебник русского языка для подготовительных факультетов вузов СССР. Москва, 1981.
Степанов Ю. Таблетки от непогоды. Ленинград, 1980.

Möbius, S.: Geographie erlebt. Berlin, 1984.
Schmidt, L.: Konversationskurs Russisch. Leipzig, 1976.
Tolstoi, L.: Kleine Erzählungen. Berlin/Leipzig, 1951.

Не хочу учиться - хочу жениться

Ученик Ольга Прошкин

Эта история произошла с учеником пятого класса Федей Огурцовым. У Феди Огурцова были две особенности. Он мог списать практически у каждого ученика в классе и даже не вставал при этом с места. Вот как он хорошо видел. И ещё Федя не любил думать.

А произошло вот что. Однажды Мария Ивановна – наша учительница – пришла в класс и сказала:

– Сегодня мы будем писать сочинение на тему: «О моих каникулах».

Оля Бумажкина спросила:

– О каких каникулах писать – о летних или о зимних?

– О каких хотите, – ответила учительница. – Но надо написать интересно.

Федя не хотел думать о каникулах. Ничего интересного в его каникулах не было: зимой он смотрел телевизор, а летом играл в футбол. Тогда Федя стал думать, у кого бы списать. Он решил, что спишет у Оли Бумажкиной и у Васи Прошкина – они писали интересно и без ошибок. «Спишу у обоих, – решил Федя, – будет правильно и интересно».

Федя открыл тетрадь и начал быстро писать. Он смотрел в сочинения Бумажкиной и Прошкина. Скоро сочинение было готово. Вот оно:

О моих каникулах

Стояло жаркое лето. На домах, на деревьях лежал снег. Мы взяли коньки и лыжи и побежали в лес за грибами.

Не прошло и часа, как у Кости были полные валенки снега, а Надя нашла гриб. Вдруг началась метель. Ребята быстро пошли купаться. Потом все лежали на пляже на снегу! Некоторые ребята стали от солнца красные, а Коля даже отморозил себе уши.

С корзинами, полными грибов мы приехали домой.

Хорошо было летом в деревне во время зимних каникул.

– Заканчивайте! – сказала Мария Ивановна. – И напишите имя и фамилию!

произойти́ *v.* passieren
осо́бенность Besonderheit
списа́ть *v.* abschreiben
сочине́ние Aufsatz
о́ба beide
коньки́ Schlittschuhe
гриб Pilz
по́лные ва́ленки сне́га Filzstiefel voll Schnee
мете́ль Schneesturm
пляж Strand
не́которые einige
со́лнце Sonne
отморо́зить *v.* erfrieren
с корзи́нами, по́лными грибо́в mit vollen Pilzkörben
зака́нчивать beenden

Федя посмотрел в сочинение и быстро написал:

Сочинение ученика Ольги Прошкина.

На следующий день вся школа знала про сочинение Феди Огурцова. А сам он получил новое прозвище: «ученик Ольга Прошкин».

про́звище Spitzname

Витя Чумаков и экзамен

– Только бы сдать этот экзамен! Только бы сдать! – думал Витя Чумаков. – Последний раз так сдаю, а потом буду заниматься каждый день! Завтра же начну новую жизнь. Буду вставать утром в шесть часов и делать зарядку. Нет, лучше буду бегать в парке. А потом в школу на занятия. Буду учиться, ни о чём другом думать не буду. Даже в библиотеку буду ходить. Начну заниматься спортом. Спать буду только шесть ... нет – пять часов в сутки. Не буду ходить в гости, не буду гулять, ничем не буду увлекаться. Только бы сдать этот экзамен! Ничего не знаю!

Теперь буду воспитывать свой характер. Буду старательным и решительным. В кино ходить не буду. Читать буду только учебники. С Аней будем встречаться только во время каникул.

Через десять минут Чумаков сдал экзамен на тройку. Он вышел из класса и подумал:

– Какие глупые мысли приходят в голову перед экзаменом! Хорошо, что я об этом никому не сказал.

На улице он подошёл к телефону и позвонил Ане:

– Жду тебя, как всегда, в семь часов у кинотеатра.

то́лько бы сдать *v.* wenn ich nur ... bestehe
нача́ть *v.* beginnen
жизнь Leben
заря́дка Frühsport
заня́тия Unterricht
ни о чём an nichts
спать schlafen
су́тки Tag (und Nacht)
увлека́ться ниче́м sich für nichts begeistern
воспи́тывать erziehen
реши́тельный entschlossen
глу́пая мысль dummer Gedanke
пе́ред vor
никто́ niemand
подойти́ *v.* herangehen
позвони́ть *v.* anrufen

Гипноз

Недавно по телевизору мой друг Николай и я смотрели интересную передачу о гипнозе. Сначала рассказывали о том, что такое гипноз, а потом показали эксперимент.

– Это интересно. Я тоже хочу провести эксперимент, – сказал мне мой друг.

– Но ведь ты не знаешь, как проводят такие эксперименты, – ответил я.

– Почему не знаю? Я ведь смотрел передачу. И очень внимательно.

В это время пришёл Сергей. Мы рассказали ему о передаче. Потом Николай весело сказал:

– Сергей, сейчас я проведу эксперимент.

– А кто будет спать?

– Ты!

– Интересно, как ты проведёшь эксперимент. Ведь я совсем не люблю спать днём.

– Ничего! Надо лежать и ни о чём не думать.

Сергей улыбнулся и сказал:

– Давай!

– Скоро ты будешь спать, – сказал Николай.

– Я буду считать, и, когда скажу «тридцать», ты уже будешь спать.

– Посмотрим, – сказал Сергей.

Николай начал считать: десять... двадцать... тридцать! Сергей не двигался.

– Вот видишь, всё идёт хорошо! – весело сказал мне Николай.

– А теперь, Сергей, подними правую руку!

Сергей поднял руку.

– Видишь! – сказал Николай. – Он спит и делает всё, что я хочу.

– Неплохо! – ответил я.

– Я уже могу опустить руку? – спросил Сергей.

– Что???

– Я хочу опустить руку.

– Ты не спишь? Почему?

– Я не хочу спать, – ответил Сергей. – Я же говорил тебе, что не люблю спать днём.

– Но почему ты поднял руку? – спросил Николай.

– Ты сказал мне: «Подними правую руку!» и я поднял.

– Давайте продолжать эксперимент!

недáвно neulich
передáча Sendung
расскáзывали man erzählte
провестú *v.* durchführen
ведь doch
спать schlafen
ни о чём не дýмать an nichts denken
считáть *v.* zählen
двúгаться sich bewegen
поднимú *v.* hebe (*Imp.*)
опустúть *v.* *hier:* herunternehmen
продолжáть fortsetzen

Николай начал считать. Считал долго, устал. Потом считал я, потом опять Николай. Когда Николай сказал «сорок тысяч сто двадцать один», мы увидели, что Сергей спит.

устáть *v.* ermüden

Мы хорошо провели эксперимент. Гипноз – это очень интересное дело. Вы можете проводить этот эксперимент, если у вас много свободного времени.

дéло Sache, Angelegenheit

Две бабушки

Две бабушки на лавочке
Сидели на пригорке.
Рассказывали бабушки:
– У нас одни пятёрки!
Друг друга поздравляли,
Друг другу жали руки.
Хотя экзамен сдали
Не бабушки, а внуки!

лáвочка kleine Bank
пригóрок Hügel, Anhöhe
однú *hier:* nur
друг дрýга gegenseitig
жать drücken
хотя́ obwohl
сдать *v. hier:* ablegen

Тройка

Я пришёл домой радостным: завтра каникулы, и можно целую неделю ходить в кино, бегать на каток. Только мне не понравилась тройка по географии. Дома родители обязательно скажут, что я лентяй.

И вдруг я вспомнил: сегодня мама пойдёт вечером сдавать экзамен. Она придёт с работы в три часа, у неё не будет времени спрашивать об отметках.

В три часа мама и папа пришли с работы. Мама собирала книги и тетради для экзамена и вдруг спросила:

– Ну, какие отметки ты сегодня принёс?

Я очень испугался и сказал правду.

– Лентяй ты! Географию не можешь выучить! Я тоже учусь в институте и сегодня иду сдавать экзамен. А ты, наверное, не хочешь стать человеком.

Папа принёс суп и попросил садиться за стол.

– Нет, у меня, к сожалению, нет времени. Потом, – сказала мама и пошла на экзамен.

– Ни пуха тебе, ни пера, – пожелал ей папа, а потом посмотрел на меня и сердито сказал:

– Значит, опять тройку принёс? Плохо!

… Вечером мама пришла домой радостная.

– Ну, как? – спросил папа.

Мама показала три пальца. Папа вздохнул.

– Молодец. Поздравляю!

А мама сказала:

– Спасибо, я очень счастлива. Сегодня можно в кино сходить.

Я тоже вздохнул. Захотел скоро стать взрослым, учиться в институте и быть счастливым, когда получаешь тройку. (По А. Сидóрову)

рáдостный freudig
катóк Eisbahn
лентя́й Faulpelz
вспóмнить *v.* sich erinnern
сдавáть экзáмен Prüfung ablegen
испугáться *v.* erschrecken
суп Suppe
попроси́ть *v.* bitten
ни пýха ни перá Hals- und Beinbruch
серди́то zornig
вздохнýть *v.* aufatmen
счáстлив glücklich
взрóслый erwachsen

Любовь не картошка,
не выбросишь
в окошко
С. К.
Л. А.

Я люблю тебя

В седьмом классе все влюбляются. А я собирал почтовые марки. Всё свободное время я ездил по магазинам и покупал там интересные марки. На любовь времени не было.

Почти все мои друзья уже влюбились. Мне стало ясно, что и мне надо влюбиться.

Так я решил влюбиться. Но в кого? В нашем классе много красивых девочек. Наконец я выбрал Люсю Тимонину. Конечно, Люся была не очень красивой. У неё были длинные ноги, но она жила недалеко от нас и тоже училась в седьмом классе. В неё ещё никто не влюблялся. Поэтому надо было спешить. Но как начать? Как сказать ей об этом?

Я спросил своего друга Генку, который уже влюбился в толстую Жанну. Я сказал:

– Генка, я влюбился.

Генка посмотрел на меня и без интереса сказал:

– Давно пора.

– Как теперь быть? Как ей сказать?

– Кто она? – спросил Генка.

– Люся Тимонина.

– А ... длинная такая ... Это очень просто. Напиши ей записку и пригласи её в кино!

– А если она не согласна? – спросил я.

– Конечно, она будет согласна. Кто же не хочет бесплатно пойти в кино?

– Бесплатно? Почему? Мне надо ... – начал я.

– Эх, ты ..., – сказал Генка, – тебе надо купить билет и угощать её конфетами или лимонадом... Женщины, они любят деньги.

– А что потом, после кино? – спросил я.

– Проводишь её домой и поцелуешь её.

– Поцеловать? – спросил я.

– А ты как думал? – ответил Генка.

Я пошёл в класс. Как хорошо я жил, пока я не влюбился. А теперь записку надо писать, и билеты в кино надо покупать и ещё конфеты. Даже целоваться надо ... Я очень надеялся, что Люся вообще не согласится пойти в кино.

А, может быть, не писать ей записку? Но нет, обязательно ей напишу!

Вечером в своей комнате я начал писать записку. Я просто написал:

влюбля́ться sich verlieben

любо́вь Liebe

вы́брать *v.* auswählen

дли́нный lang

никто́ niemand

спеши́ть *v.* sich beeilen

то́лстый dick

давно́ пора́ nun wird's aber Zeit

Как теперь быть? *hier:* Wie soll ich das anstellen?

запи́ска Zettel

беспла́тно kostenlos

угоща́ть конфе́тами mit Konfekt bewirten

проводи́ть *v.* begleiten

поцелова́ть *v.* küssen

пока́ *hier:* solange

наде́яться hoffen

согласи́ться *v.* einverstanden sein

а, может быть, не писать ей *hier:* vielleicht sollte ich besser doch nicht schreiben

«Люся! Я люблю тебя. Приходи сегодня в пять часов к кинотеатру. Пойдём в кино. С. Л.», то есть Степан Лебедев.

На другой день после уроков я дал записку Люсе. Я уже намного раньше был у кинотеатра. Я стоял и очень надеялся, что она не придёт. Часы показали пять, а Люся не пришла.

Сейчас мне очень было жаль, что она не пришла. Только в шесть часов я грустно пошёл домой.

– Ну как? – спросил меня Генка на следующий день.

– Не пришла, – сказал я.

– После уроков поговори с ней! Давай, я вместе с тобой пойду, – предложил он.

– Нет, лучше я сам…

Через несколько часов я увидел Люсю. Она увидела меня и пошла в другую сторону, а ко мне подошла её подруга.

– Ты С. Л.? – спросила она. – Вот ответ от Люси!

Она дала мне письмо и ушла.

У меня забилось сердце. Письмо от неё! Наверно, она объясняет, почему не пришла. А, может быть, она пишет, что любит меня? Я открыл письмо. В нём только два слова:

– Ты дурак!

Я шёл домой и горестно думал: Вот они – женщины! Потом я приписал в письме Люси:

– Люся + Стёпа = любовь – и плакал.

Я тогда не знал, что этим кончается детство.

(По И. Мину́тко)

то есть das heißt

дать *v.* geben

гру́стно traurig

сле́дующий nächster

предложи́ть *v.* vorschlagen

сам selbst, alleine

сторона́ Seite

подойти́ *v.* herankommen

заби́лось се́рдце das Herz begann zu pochen

объясня́ть erklären

дура́к Dummkopf

го́рестно traurig

вот они *hier:* so sind sie

пла́кать weinen

Самый счастливый день

Мои родители праздновали Новый год у знакомых … и поссорились. Утром они даже не разговаривали друг с другом. Вообще, когда мама и папа ссорятся, я очень переживаю.

В первый день зимних каникул у нас дома было очень тихо. Особенно мне стало грустно, когда папа спросил меня:

– Не забыл ли ты поздравить маму с Новым годом?

А потом мама сказала:

– Принеси отцу газету.

Я подумал, что к вечеру, может быть, всё будет хорошо. Вечером они не сказали друг другу ни слова! Прошло пять дней, а счастья не было.

– Отвыкают разговаривать друг с другом – думал я. – А потом…

Мне было страшно, и я решил помирить маму с папой. Я решил убрать квартиру. Я долго убирал.

– Очень хорошо, что ты стараешься помочь маме, – сказал папа.

Мама поцеловала меня, но они не помирились.

Тогда я решил исчезнуть из дома. Вечером я сказал:

– Пойду к Вите. У нас важное дело.

– Ты долго у него будешь? – спросил папа.

– Нет, минут двадцать. Не больше! – ответил я и крепко поцеловал папу.

Потом я поцеловал маму так, будто хотел ехать в Африку. Когда я пришёл к другу, он посмотрел на меня и спросил:

– Что с тобой?

– Я убежал из дома!

– Да…!? Правильно! Правильно сделал!

Я объяснил другу, что я хочу помирить родителей. Потом сказал:

– Каждые пять минут ты будешь звонить моим родителям и говорить, что ты очень ждёшь меня, а я ещё не пришёл. Понимаешь?

Витя начал звонить. Раз у телефона была мама, раз был папа. Но после пятого звонка они вместе были у телефона. А потом они стали сами звонить…

– Он ещё не пришёл? – спрашивала мама. – Не может быть! Значит, что-то случилось…

Мне было жаль маму и папу.

сáмый счастли́вый glücklichster
знако́мый Bekannter
поссо́риться *v.* sich zanken
пережива́ть *hier:* leiden
ти́хо still
гру́стно traurig
не забы́л (*v.*) ли ты hast du nicht vergessen
ни сло́ва *hier:* kein einziges Wort
отвыка́ть *hier:* hören auf
друг с дру́гом miteinander
помири́ть *v.* versöhnen
поцелова́ть *v.* küssen
исче́знуть *v.* *hier:* weglaufen
ва́жное де́ло wichtige Sache
кре́пко fest
бу́дто als ob
убежа́ть *v.* weglaufen
звоно́к Anruf
ста́ли са́ми begannen selbst …
что-то случи́лось *v.* irgend etwas ist passiert

– Что она сказала? – спросил я друга после следующего звонка.

– Мы сходим с ума! – ответил Витя. – Надо ещё немного подождать!

– Нет, – сказал я и быстро побежал домой. Я тихо вошёл в коридор. Мама и папа сидели у телефона бледные. Они смотрели друг другу в глаза… Они страдали вместе, это было прекрасно!

Когда они увидели меня, стали целовать меня, а потом друг друга.

Это был самый счастливый день моих зимних каникул.

(По А. Але́ксину)

следующий nächster
с ума́ сходи́ть *v.* verrückt werden
подожда́ть *v.* warten
побежа́ть *v.* laufen
бле́дный bleich
страда́ть leiden

Почему она рассердилась?

рассерди́ться *v.* böse werden

Один молодой человек был влюблён в красивую девушку. Однажды она сказала ему:

– Завтра мой день рождения.

– Я подарю тебе букет красных роз. Каждый год – одна роза. – радостно ответил молодой человек.

Вечером он пошёл в цветочный магазин. Молодой человек знал, что девушке будет 22 года, поэтому он заплатил за 22 красные розы и попросил отнести их девушке на дом.

Продавщице очень нравился этот молодой человек, который часто покупал в магазине цветы. Когда он ушёл, продавщица решила сделать ему приятное и положила ещё 10 роз.

На следующее утро девушка получила большой букет красных роз. Сначала она была очень рада, но потом рассердилась. Когда пришёл молодой человек, чтобы поздравить её, она не хотела его видеть.

Так молодой человек и не узнал, почему она рассердилась.

был влюблён war verliebt
буке́т Strauß
ра́достно freudig
цвето́чный *ср.* цветы
заплати́ть *v.* bezahlen
попроси́ть отнести́ *v.* bitten zuzustellen
положи́ть *v.* *hier:* hinzufügen
рад erfreut
узна́ть *v.* erfahren

Я влюбился

влюби́ться v. sich verlieben

Антон – студент четвёртого курса. Он рассказал нам, как он влюбился первый раз:

курс Studienjahr

«Первый раз я влюбился, когда учился на первом курсе. Но моя любовь была короткой, потому что вся моя семья решила "помочь" мне.

потому́ что weil
помо́чь v. helfen

Сначала со мной решила поговорить мама:

– Что с тобой, Антон? Не завтракаешь, не обедаешь, читаешь стихи, играешь на гитаре, слушаешь музыку…? Мне ты можешь сказать всё, я всё понимаю, ведь я твоя мама. Но я, конечно, уже знаю, что случилось. Я думаю, что ты ещё очень молод для любви. Ты можешь ходить с девушками из твоей группы в театры, в кино, в музеи, разговаривать с ними о книгах, о музыке, о современной литературе, но не влюбляться.

ведь denn
случи́ться v. passieren

Когда папа пришёл с работы, он решил тоже поговорить со мной.

– Мама сказала мне, что ты влюбился. Помоему, это очень серьёзно. Тебе уже девятнадцать лет. Ты взрослый человек. Ты уже познакомился с её родителями? Они должны понять, что ты серьёзный человек.

взро́слый erwachsen(er)
познако́миться v. sich bekannt machen

Вечером в мою комнату вошёл мой брат. Он сказал:

– Ты влюбился в Иру. Ты знаешь, что ты должен сделать? Ты должен быть решительным и сказать Ире о своей любви. Девушки не любят нерешительных молодых людей. Ну, спокойной ночи. Завтра ещё поговорим.

реши́тельный entschlossen
Споко́йной но́чи! Gute Nacht!

На следующий день с юга приехала моя сестра. Она тоже хотела поговорить со мной и посоветовать мне, что я должен делать.

– Я слышала, что ты влюбился в Иру. Откуда я знаю? Об этом знают уже все в нашем городе. Ты знаешь…

Но я решил не слушать, что она будет говорить. Она всегда говорит очень много и быстро. Я пошёл в другую комнату. Там сидела бабушка. Она очень обрадовалась, когда увидела меня, и решила сказать мне несколько слов.

обра́доваться v. sich freuen
уви́деть v. erblicken

– В моё время, когда я была молодой, человек, который хотел жениться, сначала хотел знать, кто эта девушка, из какой семьи, а потом уже влюблялся. А ты? Что ты знаешь об этой девушке? Ничего. А что она знает о тебе? Только, что ты

жени́ться heiraten

студент первого курса. Она даже не знает, что у тебя есть бабушка.

даже не знает *hier:* weiß nicht einmal

А днём из деревни приехал мой дедушка.

– Мне написала твоя сестра, что ты влюбился в девушку из вашей группы, – сказал он. – Я должен поговорить с тобой. Понимаешь, любовь – это…

– Извини, дедушка, не надо говорить об этом, – сказал я. – Я уже не люблю её.

– Это правда?

– Конечно. Я не могу слышать её имя.

– Но почему? – спросил дедушка».

Кто победит?

Два года назад я выглядел очень плохо. Я был худым и слабым, часто болел. Девушки не обращали на меня внимания.

Однажды я пришёл на стадион и увидел, что девушки из нашего института играли в волейбол. Я обратил внимание на одну девушку, которая очень хорошо и красиво играла. Несколько минут я стоял и смотрел, как она играла. Но вдруг мяч полетел ко мне, и я … упал. Когда я открыл глаза, я увидел лицо красивой девушки. Это она так хорошо играла в волейбол. Она помогла мне встать и дойти до дома.

После этого мы стали встречаться с ней. Но у неё почти не было свободного времени. Каждое утро она бегала в парке. Я тоже стал ходить туда и тоже начал бегать.

Вечером в бассейне я стоял и смотрел, как она плавает. На стадионе я стоял и смотрел, как она играет в волейбол. В воскресенье я стоял и смотрел, как она прыгает с парашютом.

Скоро и я стал бегать также быстро, как она. В бассейне мы плавали рядом, в волейбол я теперь играл хорошо. Я стал здоровым и сильным.

Однажды, когда мы прыгали с парашютом, я сказал ей, что люблю её. Она долго молчала, а потом уже на земле сказала: «Раньше ты был таким слабым и беспомощным. А сейчас ты как все наши спортсмены. Это так скучно…» Она взяла парашют и ушла.

Через несколько дней я опять увидел её, когда она играла в теннис. Бледный и худой молодой человек подавал ей мячи. После игры они вместе пошли на остановку автобуса, и я понял, что мне надо делать. Сначала я узнаю, где живёт и учится этот бледный молодой человек. Я встречусь с ним и заставлю его заниматься спортом. Я сделаю всё, чтобы он быстро бегал, прекрасно плавал, стал чемпионом по теннису. А я в это время не буду заниматься спортом, начну курить … и тогда мы увидим, кто из нас победит!

(По А. Ю́рикову)

- вы́глядеть aussehen
- боле́ть krank sein
- обраща́ть внима́ние Aufmerksamkeit schenken
- уви́деть *v.* erblicken
- вдруг мяч полете́л … plötzlich flog der Ball …
- упа́сть *v.* fallen
- помо́чь *v.* helfen
- дойти́ (*v.*) до gehen bis
- пла́вать schwimmen
- пры́гать springen
- парашю́т Fallschirm
- молча́ть schweigen
- беспо́мощный hilflos
- уйти́ *v.* weggehen
- бле́дный blass
- подава́ть reichen
- поня́ть *v.* verstehen
- узна́ть *v.* erfahren
- заста́вить *v.* zwingen
- что́бы damit
- кури́ть rauchen

Как я покупал книги

Моя жена часто говорила мне, что я покупаю очень много книг и трачу на них все деньги.

Я решил, что больше не буду покупать книги. Но когда я увидел новую книгу, я всё-таки купил её. На первой странице я написал:

«Сергею Михайловичу Петрову за хорошую работу. Директор института».

Я показал книгу жене и сказал ей, что получил книгу за хорошую работу.

В следующий раз я написал на другой книге:

«Поздравляю с днём рождения. Дядя Ваня».

– Дядя Ваня? Я никогда не слышала о нём, – сказала жена.

Я объяснил ей, что дядя Ваня – мой дядя. Он живёт и работает в маленьком городе. Он всегда дарит мне книги.

В следующий раз книгу «подарила» мне бабушка. Потом мне начали дарить книги сами авторы.

Однажды вечером я увидел на жене новое платье.

– Ты купила его? – спросил я.

– Подарили!

– Кто тебе подарил платье?

– Один наш общий знакомый! Тебе он подарил книгу, а мне платье.

– Кто он? – закричал я.

Жена весело посмотрела на меня и сказала:

– Жан-Жак Руссо.

тра́тить ausgeben

всё-таки dennoch

показа́ть *v.* zeigen

объясни́ть *v.* erklären

са́ми а́вторы die Autoren persönlich

уви́деть *v.* erblicken

пла́тье Kleid

о́бщий знако́мый gemeinsamer Bekannter

закрича́ть *v.* schreien

Букет цветов

Вера Григорьевна ехала вечером домой. В вагоне метро было много людей. Рядом с ней стоял молодой мужчина. В одной руке он держал большой портфель, а в другой – букет цветов. Ему было очень трудно держать портфель и букет цветов. Он держал цветы высоко над головой. Вере Григорьевне было жаль его, что он так неудобно стоял. Она сказала:

– Дайте я подержу ваши цветы, вам неудобно.

Мужчина улыбнулся, передал ей букет цветов и сказал:

– Спасибо, но вам тоже неудобно.

– Нет, нет, ничего… Какие красивые цветы!

Он серьёзно посмотрел на неё и сказал:

– Знаете, по-моему, цветы, как и платье, подходят женщине, или нет.

Вера Григорьевна засмеялась.

– Вам подходят цветы, – сказал мужчина и улыбнулся. – Моей жене тоже подходят цветы. Она очень их любит.

– Наверное, у неё день рождения?

– Нет.

– Ну, тогда у вас годовщина свадьбы?

– Нет! Она просто любит цветы.

Поезд подходил к станции, мужчине надо было выходить. Вера Григорьевна сказала:

– Ваши цветы!

– Теперь они ваши, – ответил он.

– Зачем, не надо, – сказала она.

– Цветы дарю вам!

– Как же это? Просто … так?

– Просто так, – сказал мужчина и весело вышел.

(По Ю. Золотарёву)

букéт Strauß

держáть halten

портфéль Aktentasche

неудóбно unbequem

улыбнýться *v.* lächeln

передáть *v.* übergeben

подходи́ть *hier:* (jmdm.) gut stehen

засмея́ться *v.* lachen

годовщи́на свáдьбы Hochzeitstag

подходи́ть *hier:* einfahren

зачéм warum

не надо das muss nicht sein, das ist nicht nötig

вы́йти *v.* aussteigen

Дома должен быть порядок

– Ты мои ботинки почистила?

– Да, почистила.

– Обед готов?

– Обед на столе, молоко в холодильнике.

– Открытки моим родственникам написала?

– Написала.

– А почему у меня такое чувство, что ты что-то не сделала? Ты ботинки почистила?

– Да, почистила.

– Ну хорошо. Обои купила?

– Купила и маленькую комнату переклеила.

– А всё-таки сердце у меня не на месте. Мне кажется, что ты что-то не сделала… Ты мои ботинки почистила?

– Да, почистила.

– Ты вот на целый час раньше меня домой приходишь, что ты ещё сделала?

– Ходила в загс, с тобой развелась, а за другого вышла замуж.

– А почему его дома нет?

– Он дома, в маленькой комнате, мы там жить будем.

– А ты ему ботинки почистила?

– … Не почистила!

– Вот видишь! Когда я пришёл домой, я сразу понял, что ты что-то не сделала! Ну как же так? Он может о тебе как о хозяйке плохо подумать, а мне это неприятно. В доме должен быть порядок!

(По Н. и М. Крымски́м)

до́лжен muss
поря́док Ordnung
боти́нки Schuhe
почи́стить *v.* putzen
холоди́льник Kühlschrank
чу́вство Gefühl
что-то irgend etwas
обо́и Tapete
перекле́ить *v.* tapezieren
всё-таки́ dennoch
се́рдце Herz
загс Standesamt
развести́сь (*v.*) с sich scheiden lassen von
вы́йти (*v.*) за́муж за heiraten
поня́ть *v.* *hier:* bemerken
неприя́тно unangenehm

Письмо в редакцию

Письмо девочки:

Дорогая редакция!

Я учусь в седьмом классе. Мне 13 лет. Мне очень нравится один мальчик. Он учится в восьмом классе. Я не понимаю, что со мной, не могу забыть его…

Как сделать, чтобы он заметил меня, не знаю. Все девочки бегают за ним, а я не могу… Он даже не знает обо мне и не обращает на меня внимания.

Почему это так? Что мне надо изменить в себе, чтобы мальчики обращали на меня внимание?

Ответ психолога:

Сейчас ты изменяешься так быстро, что сама не понимаешь себя.

У тебя есть дневник? Нет?! Попробуй начать писать его сейчас, когда ОН начинает тебе нравиться. Напиши в дневнике о своих чувствах и мыслях. Напиши, почему он тебе нравится.

Твой дневник будет для тебя зеркалом, где ты можешь видеть себя. Дневник – это твой опыт. Ты уже понимаешь, что опыт других людей тебе не поможет.

Когда через месяц ты прочитаешь то, что ты написала, ты уже по-другому будешь думать о себе. Тогда ты будешь знать, что правильно или неправильно в твоих поступках.

Посмотри внимательно не только на внешность мальчика, но и на его характер, интересы и увлечения. Тогда ты узнаешь его.

забы́ть *v.* vergessen

что́бы заме́тил *v.* damit er bemerkt

бе́гать за ним ihm nachlaufen

обраща́ть внима́ние *hier:* beachten

измени́ть (*v.*) в себе́ an mir verändern

что́бы ма́льчики обраща́ли на меня́ внима́ние … *hier:* … dass die Jungen mich beachten

изменя́ться sich verändern

сама́ … себя dich selbst

дневни́к Tagebuch

чу́вство Gefühl

мысль Gedanke

зе́ркало Spiegel

себя́ *hier:* dich

о́пыт Erfahrung

помо́чь *v.* helfen

то das (jenes)

по-друго́му anders

посту́пок Tat, Handlung

внима́тельно aufmerksam

вне́шность Äußeres

Сперва подумай, потом говори

О чём говорить?

Представьте себе, что вы приехали в Россию и познакомились с молодым человеком. Как начать беседу с ним? Не хорошо начинать беседу с вопроса: «Как дела?»

Ответить на этот вопрос ему трудно. Такой вопрос задают только человеку, которого уже знают давно. Он просто ответит: «Спасибо, ничего!» Потом он, может быть, спросит вас: «А у вас, как дела?» И вы скажете: «Да тоже ничего».

Этим можно и закончить беседу.

Не стоит начинать беседу с вопроса о погоде. Молодые люди не очень интересуются погодой, для них любая погода хороша.

Можно думать, что ваш новый знакомый вам поможет и спросит вас, как вам понравилась Москва. Когда вы будете отвечать на этот вопрос, вообще не надо хвалить город, можно и ругать. Тогда будет интересная и неформальная беседа.

Молодые люди любят говорить и о литературе. Надо знать, что русские много читают. И они читают везде и всегда, даже в автобусе и в метро.

Можно, конечно, говорить и о спорте, кинофильмах, музыке или о моде. Главное, надо сначала узнать, чем действительно интересуется ваш новый знакомый, о чём стоит говорить с ним.

представ́ить (*v.*) себе́ sich vorstellen
познако́миться *v.* sich bekannt machen
бесе́да Gespräch
задава́ть stellen
кото́рого уже зна́ют den man schon kennt
не сто́ит es lohnt sich nicht
любо́й beliebig
знако́мый Bekannter
помо́чь *v.* helfen
хвали́ть loben
руга́ть schimpfen
везде́ überall
гла́вное die Hauptsache
сто́ит говори́ть lohnt sich zu sprechen

Вот и поговорили!

Меня пригласил к себе в гости мой старый друг Виталий. Когда я пришёл, он сказал мне: «Хорошо, что ты зашёл ко мне. Очень хочу поговорить с тобой. Проходи в комнату!»

Я так и сделал. Я начал: «Ну, как живёшь? Рассказывай!»

А он ответил: «Всё хорошо! Подожди, я покажу тебе мой новый радиоприёмник!»

Он принёс из другой комнаты радиоприёмник и спросил: «Хорошо, правда? – Послушай, какой у него звук!»

В комнате была слышна музыка. Когда была короткая пауза, я спросил его: «Как на работе?»

А он ответил: «Слышишь, какая красивая музыка!»

В комнату вошла жена друга.

«Хорошо, – сказала она, – что ты пришёл, можно поговорить немного. Я купила кассету с интересной музыкой. Ты будешь слушать, а я приготовлю ужин».

Мы пили ароматный чай и слушали музыку. Вдруг мой друг спросил: «Почему ты не рассказываешь, что у тебя нового? Нет, подожди, сейчас по телевизору передают хоккей!»

Мы опять сидели, смотрели и молчали. Я посмотрел на часы, встал и сказал: «Мне пора уходить».

Они мне говорили: «Не забывай нас, заходи почаще. Очень хочется поговорить с тобой…»

Я шёл домой и всё время думал только об одном: что делали люди, когда ходили в гости в эпоху, когда не было радиоприёмников и телевизоров.

- зайти́ *v.* vorbeikommen
- проходи́ть *hier:* eintreten
- подожди́ *Imp.* warte
- радиоприёмник Rundfunkgerät
- звук Ton, Klang
- была́ слышна́ war zu hören
- слы́шать hören, vernehmen
- войти́ *v.* hereinkommen
- пригото́вить *v.* zubereiten
- передава́ть senden
- молча́ть schweigen
- Мне пора́ уходи́ть. Für mich ist es Zeit zu gehen.
- забыва́ть vergessen
- поча́ще öfter
- хо́чется (ich) möchte (würde) gern
- ду́мал об одно́м dachte über eines nach

Мой отец и статистика

Вообще у нас обычная семья, но мой папа очень любит цифры. Он часто говорит, что цифры помогают ему всегда, даже в трудных ситуациях.

Однажды после обеда мы с мамой садимся смотреть телевизор, папа читает книгу. В этой книге только цифры (это статистический справочник), но он читает её с большим интересом. Моей сестры дома не было.

– Я думаю, что Вера пошла в кино с Сергеем, – говорит мама.

– Ну что ж, многие люди любят кино, – отвечает папа. – Статистика говорит, что у нас в стране более 150 тысяч кинотеатров и клубов, где можно посмотреть кино. В них только в прошлом году продали более 4 миллиардов билетов.

– Вот уж никогда не думала, что так много людей ходит в кино, – говорит мама.

– Но люди не только ходят в кино, – объясняет папа. – Статистика говорит, что в прошлом году, например, в 1465 музеях страны побывало более 150 миллионов человек. Вот такие цифры…

Потом папа смотрит на меня и неожиданно спрашивает:

– А у вас, молодой человек, какие цифры на сегодня?

– Цифра 2, – говорю я честно. – Я получил 2 – по русскому языку… Мы писали диктант, и я сделал 5 ошибок…

– Как? – говорит папа. – Разве ты не знаешь, что в конце прошлого года было более 30 миллионов человек с дипломами специалистов? А мой сын не хочет учиться, получает двойку… Каким специалистом он будет!?

Мама хочет помочь мне:

– Саша будет врачом или инженером, а не филологом…

Папа с ней не согласен:

– Может быть. Но я не хочу иметь неграмотного сына.

В это время пришла моя сестра Вера:

– Дорогие мама и папа! Мы с Сергеем решили пожениться.

Мама была без слов.

А папа говорит:

цúфра Zahl
спрáвочник Nachschlagewerk
прóшлый vergangenes
продáть *v.* verkaufen
вот уж нúкогда не дýмала, ... das hätte ich nie gedacht, ...
неожúданно unerwartet
чéстно ehrlich
рáзве etwa
бóлее mehr als
помóчь *v.* helfen
филóлог hier: Sprachwissenschaftler
имéть haben
негрáмотный *hier:* ungebildet(er)
поженúться *v.* heiraten
была без слов war sprachlos

– Спокойно! Ты, Вера, плохо знаешь статистику. А статистика говорит, что если, например, в 1929 году на 1000 женщин было 900 мужчин, то сейчас мужчин столько же, сколько женщин. Поэтому ты можешь выбрать. Может быть, тебе не надо спешить?

– Нет, – говорит Вера. – Я уже выбрала, и мы уже всё решили.

– Ой, я сейчас умру, – говорит наконец мама.

– Почему? Тебе только 45 лет, – говорит папа. – Как ты знаешь, средняя продолжительность жизни – 74 года. Может быть, сейчас лучше подумать, кого мы пригласим на свадьбу Веры и Сергея?

Споко́йно! *hier etwa:* Immer mit der Ruhe!

то *hier:* so

сто́лько же, сколько ebenso viel wie

спеши́ть *hier:* überhasten

умере́ть *v.* sterben, tot umfallen

сре́дняя продолжи́тельность жи́зни mittlere Lebenserwartung

сва́дьба Hochzeit

Праведный судья

пра́ведный gerecht
судья́ Richter

I

Алжирский царь Бауакас хотел сам узнать, правду ли ему сказали, что в одном из его городов есть праведный судья, что он сразу узнаёт правду и что от него ни один плут не может укрыться.

Бауакас переоделся в купца и поехал верхом на лошади в тот город, где жил судья. У въезда в город к Бауакасу подошёл нищий – стал просить милостыню. Бауакас дал ему и хотел ехать дальше, но нищий сказал:

– Милостыню ты мне дал, но ещё довези меня на твоей лошади до площади.

Бауакас довёз нищего до площади. На площади он остановил лошадь, но нищий не слезал. Бауакас сказал:

– Что ж сидишь? Слезай, мы приехали.

А нищий сказал:

– Зачем слезать, – лошадь моя; а не хочешь добром отдать лошадь, пойдём к судье.

алжи́рский algerisch
пра́вду ли ему сказа́ли *hier:* ob es wirklich wahr sei
плут Spitzbube
укры́ться *v.* sich verstecken
переоде́ться (*v.*) в купца́ sich als Kaufmann verkleiden
пое́хать (*v.*) верхо́м reiten
ло́шадь Pferd
ни́щий Bettler
ми́лостыня Almosen
довезти́ (*v.*) до bringen bis
останови́ть *v.* anhalten
слеза́ть absteigen
добро́м im Guten
отда́ть *v.* zurückgeben

II

Бауакас с нищим пошли к судье. Сначала судья вызвал учёного и мужика: они судились за жену. Мужик говорил, что это его жена, а учёный, что его. Судья выслушал их и сказал:

– Оставьте женщину у меня, а сами приходите завтра.

Когда они ушли, вошли мясник и масленик. Мясник был весь в крови, а масленик в масле. Мясник держал в руке деньги, масленик – руку мясника. Мясник сказал:

– Я купил у этого человека масло и взял деньги, чтобы расплатиться, а он схватил меня за руку и хотел отнять деньги. Так мы пришли к тебе, – у меня в руке деньги, а он держит меня за руку. Но деньги мои, а он вор.

А масленик сказал:

– Это неправда. Мясник пришёл ко мне покупать масло. Когда я налил ему в кувшин масло, он попросил меня разменять ему золотой. Я достал деньги, а он взял их и хотел бежать. Я схватил его за руку и привёл сюда. Судья сказал:

– Оставьте деньги у меня и приходите завтра.

вы́звать aufrufen
учёный Gelehrter
мужи́к Bauer
вы́слушать *v.* anhören
оста́вить *v.* da lassen
мясни́к Fleischer
ма́сленик Ölverkäufer
кровь Blut
держа́ть halten
расплати́ться *v.* bezahlen
схвати́ть *v.* packen
отня́ть *v.* wegnehmen
вор Dieb
нали́ть *v.* eingießen
кувши́н Krug
попроси́ть *v.* bitten
разменя́ть *v.* wechseln
золото́й Goldstück
привести́ *v.* bringen

III

Когда очередь дошла до Бауакаса и до нищего, Бауакас рассказал, как было дело. Судья выслушал его и спросил нищего. Нищий сказал:

о́чередь Reihe

– Это всё неправда. Я ехал верхом через город, а он сидел на земле и просил меня подвезти его. Я посадил его на лошадь и довёз, куда ему нужно было; но он не хотел слезать и сказал, что лошадь его. Это неправда.

подвезти́ *v.* mitnehmen
посади́ть *v.* setzen

Судья подумал и сказал:

– Оставьте лошадь у меня и приходите завтра.

На другой день собралось много народа слушать, как рассудит судья.

наро́д Volk
рассуди́ть *v.* richten

Первые подошли учёный и мужик.

– Возьми свою жену, сказал судья учёному, – а мужику дать пятьдесят палок. – Учёный взял свою жену, а мужика тут же наказали.

па́лки Stockschläge
наказа́ть *v.* bestrafen

Потом судья позвал мясника.

позва́ть *v.* rufen

– Деньги твои, – сказал он мяснику; потом он показал на масленика и сказал: – А ему дать пятьдесят палок.

Тогда позвали Бауакаса и нищего.

– Узнаешь ты свою лошадь из двадцати других? – спросил судья Бауакаса.

узна́ть *v.* erkennen

– Узнаю.

– А ты?

– И я узнаю, – сказал нищий.

– Иди за мной, – сказал судья Бауакасу.

Они вошли в конюшню. Бауакас сейчас же показал на свою лошадь. Потом судья позвал нищего в конюшню. Нищий узнал лошадь и показал её. Тогда судья сел на своё место и сказал Бауакасу:

коню́шня Stall
сесть *v.* sich setzen

– Лошадь твоя: возьми её. А нищему дать пятьдесят палок.

IV

После суда судья пошёл домой, а Бауакас пошёл за ним.

– Что же ты, или не доволен моим решением? – спросил судья.

– Нет, я доволен, – сказал Бауакас. – Только хотелось бы мне знать, как ты узнал, что жена была учёного, а не мужика, что деньги были мясника, а не масленика, и что лошадь была моя, а не нищего?

– Про женщину я узнал вот так: позвал её утром к себе и сказал ей: налей чернил в мою чернильницу. Она взяла чернильницу и ловко налила чернил. Стало быть, она привыкла это делать. Будь она жена мужика, она не сумела бы этого сделать.

Про деньги я узнал вот как: положил деньги в чашку с водой и сегодня утром посмотрел – всплыло ли на воде масло. Если бы деньги были масленика, то они были бы запачканы его маслеными руками. На воде масла не было, стало быть, мясник говорит правду.

Про лошадь узнать было труднее. Нищий так же, как и ты, из двадцати лошадей сейчас же показал на лошадь. Да я не для того был с вами в конюшне, чтобы увидеть, узнаете ли вы лошадь, а для того, чтобы видеть, кого из вас двоих узнает лошадь. Лошадь обернула голову к тебе, и я узнал, что ты настоящий хозяин лошади.

Тогда Бауакас сказал:

– Я не купец, а царь Бауакас. Я приехал сюда, чтобы узнать, правда ли то, что говорят про тебя. Теперь я вижу, что ты мудрый судья. Проси у меня, что хочешь, я награжу тебя.

Судья сказал:

– Мне не нужно награды; я счастлив уже тем, что мой царь похвалил меня.

(По Л. Толсто́му)

дово́лен zufrieden
реше́ние Urteil
черни́ла Tinte
черни́льница Tintenfass
ло́вко geschickt
ста́ло быть folglich
привы́кнуть *v.* gewohnt sein
будь *hier:* wenn ..., wäre
ча́шка Tasse
вода́ Wasser
всплыть *v.* oben schwimmen
запа́чкан beschmutzt
оберну́ть *v.* wenden
настоя́щий wahr, wirklich
про тебя́ *hier:* über dich
му́дрый weise(r)
награди́ть *v.* belohnen
награ́да Belohnung
я сча́стлив тем ich bin darüber glücklich
похвали́ть *v.* loben

Случай с Львом Толстым

слу́чай Vorfall

Лев Николаевич Толстой написал небольшой рассказ и послал его в редакцию одного журнала под чужим именем. Через две недели Толстой пошёл в редакцию узнать о своём рассказе.

Редактор принял Толстого не очень любезно и прямо сказал, что его рассказ не будет напечатан.

– Почему же? – спросил Толстой.

– Когда я читал вашу ерунду, – ответил редактор, – то был уверен, что написал её зелёный юнец. В ваши годы начинать писать уже поздно. Вы раньше что-нибудь писали?

– Писал, – ответил Толстой.

– Что же, позвольте вас спросить?

– Я написал несколько произведений, например, «Война и мир», «Анна Каренина»…

посла́ть *v.* schicken
чужо́й fremd
узна́ть *v.* erfahren
приня́ть *v.* empfangen
любе́зно liebenswürdig
напеча́тать *v.* drucken
ерунда́ Unsinn
уве́рен sicher
юне́ц Junge
по́здно *hier:* zu spät
что-нибу́дь irgend etwas
позвольте вас спроси́ть wenn man Sie fragen darf
произведе́ние Werk

Как мужик гусей делил

У одного бедного мужика не было больше хлеба. Вот он и решил попросить хлеб у барина. Чтобы было с чем идти к барину, он поймал гуся, изжарил его и принёс барину. Барин говорит мужику:

– Спасибо тебе, мужик, за гуся, только не знаю, как мы твоего гуся делить будем. Вот у меня жена, два сына, да две дочери. Как нам разделить гуся?

Мужик говорит:

– Я разделю.

Взял ножик, отрезал голову и говорит барину:

– Ты всему дому голова, тебе голову.

Потом отрезал задок и подаёт барыне:

– Тебе, – говорит, – дома сидеть, за домом смотреть, тебе задок.

Потом отрезал лапки и подаёт сыновьям:

– Вам, – говорит, – ножки – топтать отцовские дорожки.

А дочерям дал крылья:

– Вы, – говорит, – скоро из дому улетите, вот вам по крылышку. А остаточки себе возьму!

И взял себе всего гуся.

Барин посмеялся, дал мужику хлеба и денег.

Услыхал богатый мужик, что барин за гуся наградил бедного мужика хлебом и деньгами, изжарил пять гусей и понёс к барину.

Барин говорит:

– Спасибо за гусей. Да вот у меня жена, два сына, две дочери, всех шестеро, – как бы нам поровну разделить твоих гусей?

Стал богатый мужик думать и ничего не придумал.

Послал барин за бедным мужиком и велел делить.

Бедный мужик взял одного гуся – дал барину с барыней и говорит:

– Вот вас трое с гусем.

Одного дал сыновьям: – И вас, – говорит, – трое.

Одного дал дочерям: – И вас трое.

А себе взял двух гусей: – Вот, – говорит, – и нас трое с гусями, – всё поровну.

Барин посмеялся и дал бедному мужику ещё денег и хлеба, а богатого прогнал.

(По Л. Толсто́му)

мужи́к Bauer
гусь Gans
дели́ть teilen
бе́дный arm
попроси́ть *v.* bitten
ба́рин Gutsherr
что́бы было с чем идти́ *hier:* um nicht mit leeren Händen zu gehen
пойма́ть *v.* fangen
изжа́рить *v.* braten
да *hier:* und
но́жик Messer
отре́зать *v.* abschneiden
задо́к Hinterteil, Schwanz
ба́рыня Gutsherrin
ла́пки Pfötchen
но́жки Füßchen
топта́ть отцо́вские доро́жки in Vaters Fußstapfen treten
кры́лья Flügel
улете́ть *v.* wegfliegen
оста́точки Reste
посмея́ться *v.* lachen
услыха́ть *v.* hören
награди́ть *v.* belohnen
ше́стеро *ср.* шесть
по́ровну zu gleichen Teilen
приду́мать *v.* ausdenken
посла́ть (*v.*) за holen lassen
веле́ть befehlen
тро́е *ср.* три
прогна́ть *v.* fortjagen

Волков бояться –
в лес не ходить

Бобик в гостях у Барбоса

Собака Барбос и его друг – кот Васька – жили у дедушки. Дедушка ходил на работу, а Барбос сторожил дом. Васька часто уходил мышей ловить.

Однажды дедушка ушёл на работу, а Барбос дома остался. Он не знал, что делать, и поэтому смотрел в окно.

– Дедушке нашему хорошо! – думал Барбос. – Ушёл на работу. Ваське тоже не плохо – гуляет. А мне надо дома сидеть, сторожить квартиру.

В это время по улице бежал друг Барбоса – Бобик. Они часто встречались во дворе и играли вместе.

– Эй, Бобик, куда бежишь?

– Никуда, – говорит Бобик. – А ты почему дома сидишь? Пойдём гулять.

– Я не могу, – ответил Барбос, – мне надо дом сторожить. Ты лучше ко мне в гости иди.

– А дедушка дома?

– Нет, он на работу ушёл.

Бобик залез в окно и осмотрел комнату.

– Ты хорошо здесь живёшь, – сказал он Барбосу, – а вот я живу в будке.

– Да, – ответил Барбос, – у нас квартира хорошая. Ходи, где хочешь.

– А меня даже в коридор мой дедушка не пускает! – сказал Бобик. – Говорит, что надо мне жить в будке. Один раз был в комнате – что было! Прогнали меня.

Вдруг он увидел на стене часы с маятником и спросил:

– А что это у вас на стене висит? Всё тик-так и тик-так.

– Это часы, – ответил Барбос. – Ты часов ещё не видел?

– Нет. А для чего они?

Барбос сам не знал, для чего часы, но он начал объяснять:

– Ну, это такая вещь, понимаешь – часы – они ходят …

– Как ходят? – спросил Бобик. – У них ног нет.

– Ну, понимаешь, это только так дедушка говорит, что ходят. Ходят – значит – они стучат, а потом начинают бить.

– Ого! Так они ещё и бьют?

кот Kater
сторожи́ть bewachen
мышь Maus
оста́ться *v.* bleiben
гуля́ть spazieren gehen
бежа́ть laufen
никуда́ nirgendwohin
зале́зть *v.* klettern
бу́дка *hier:* Hundehütte
пуска́ть lassen
прогна́ть *v.* fortjagen
ма́ятник Pendel
висе́ть hängen
сам selbst
объясня́ть erklären
вещь Ding
стуча́ть *hier:* ticken
бить schlagen

– Нет! Как они могут бить?

– Ты сам сказал – бить.

– Бить – это значит звонить: бом! бом!

– А почему сразу не сказал!

Бобик увидел на столе гребешок и спросил:

– А это что у вас за пила?

– Какая пила! Это гребешок.

– А для чего он?

– Эх ты! – сказал Барбос. – Видно, что ты в будке живёшь. Не знаешь, для чего гребешок? Причёсываться.

– Как это причёсываться?

Барбос взял гребешок и сказал:

– Вот смотри, как надо причёсываться!

Бобик тоже посмотрел в зеркало и увидел своё отражение. Он показывает на зеркало и кричит:

– Там другая собака!

Барбос засмеялся.

– Да это ты сам в зеркале!

– Как – я? – Я здесь, а там другая собака! –

Барбос ещё раз посмотрел в зеркало.

– Ну, вот, теперь уж две собаки!

звони́ть *hier:* läuten
сра́зу sofort
гребешо́к Kamm
пила́ Säge
ви́дно *hier:* man merkt
причёсываться *hier:* um sich zu kämmen
взять *v.* nehmen
зе́ркало Spiegel
отраже́ние *hier:* Spiegelbild
крича́ть schreien
уж *ср.* уже

– Нет, – сказал Барбос, – это мы. Вот видишь, они на нас похожи.

– Да, похожи! – ответил Бобик. – Чудно у вас! Часы, зеркало с собаками, гребешок!

– У нас ещё телевизор есть! – похвастался Барбос и показал телевизор.

– Что это? – спросил Бобик.

– Это называется телевизор. Он всё делает: поёт, играет и картины показывает!

– Ну, что ты говоришь!

– Нет, посмотри!

Барбос включил телевизор. Они слушали музыку и видели, как люди танцевали. Собаки тоже танцевали по комнате.

– Ты хорошо живёшь! – говорит Бобик. – У тебя всё есть!

– Да, – говорит Барбос, – я живу хорошо. Что хочу, то и делаю. Когда хочу – на телевизоре играю, ем и пью, или на кровати лежу.

– А это можно делать? А дедушка согласен?

– А что ты! Это моя кровать!

– А где дедушка спит?

– Дедушка там, на коврике. Здесь всё моё! – сказал он. – И стол мой и телевизор мой и вообще всё!

– А можно мне полежать на кровати? – спросил Бобик.

Барбос был согласен. Лежали они на кровати, лежали и заснули. Дедушка пришёл домой. Он увидел на кровати собак, плёткой замахнулся на них.

Бобик быстро убежал через окно, а Барбос под кровать. До вечера там сидел.

Вечером пришёл домой кот Васька. Он увидел Барбоса под кроватью и сразу понял, почему он там сидит.

– Эх, Васька, – сказал Барбос, – опять я наказан. Даже сам не знаю, почему. Есть хочу. Помоги!

Васька пошёл к дедушке и замурлыкал. Дедушка дал ему немного колбасы и Васька отдал половину Барбосу.

(По Н. Но́сову)

похо́жи ähnlich
чудно́ *hier:* seltsam
похваста́ться *v.* prahlen
пока́зывать карти́ны Bilder zeigen
включи́ть *v.* einschalten
то и делаю das tue ich auch
крова́ть Bett
спать schlafen
ко́врик Bettvorleger
засну́ть *v.* einschlafen
замахну́ться (*v.*) плёткой на них mit der Peitsche nach ihnen schlagen
я нака́зан ich bin bestraft
замурлы́кать zu schnurren beginnen
отда́ть (*v.*) полови́ну die Hälfte abgeben

Гадюка

Поезд в Москву остановился на маленькой станции. Он был полон.

Вошёл мальчик лет двенадцати. Это Боря, который был в деревне у бабушки. В одной руке у него была большая корзина, в другой руке сумка с большой стеклянной банкой.

Один мужчина сказал ему:

– Ты можешь сесть около меня.

– Спасибо! – сказал Боря.

Корзину и банку он поставил под лавку. Все смотрели на него, на корзину и банку. Сначала Боря сидел спокойно, а потом часто тоже смотрел на корзину и банку.

Мужчина спросил его:

– В Москву едем, молодой человек?

– Да.

– А где вы были?

– В деревне, у бабушки.

– Так, так! В деревне, это хорошо. – А тяжёлый багаж у вас?

– Корзина? Нет, она лёгкая. В корзине только земноводные.

– Как?

– Земноводные. Корзина очень лёгкая.

Сначала было тихо, а потом другой человек спросил:

– Это как понимать – земноводные?

– Ну, лягушки, жабы, ящерицы, ужи…

– Бррр, ужасно! – сказала одна женщина.

– А почему ты всё это собираешь? – спросил спокойно мужчина.

– Мы террариум для школы делаем: я ловил их для нашего террариума.

Женщина спросила мужчину:

– Что они делают?

Он объяснил ей:

– Террариум, – знаете, это стеклянный ящик, в нём будут жить все эти земноводные.

Он спросил Борю:

– И много, значит, у вас этих земноводных?

– Ужей четыре, жабы две, ящериц восемь, лягушек одиннадцать.

– Ужасно! Ужасно! – сказала женщина, которая сидела в углу.

Теперь уже заинтересовались Борей и другие

гадю́ка Kreuzotter
останови́ться *v.* anhalten
по́лон voll
войти́ *v.* einsteigen
корзи́на Korb
стекля́нная ба́нка Konservenglas
сесть о́коло меня́ neben mich setzen
поста́вить (*v.*) под ла́вку unter die Bank stellen
споко́йно still, ruhig
тяжёлый бага́ж schweres Gepäck
земново́дные Amphibien
ти́хо still
лягу́шка Frosch
жа́ба Kröte
я́щерица Eidechse
уж Ringelnatter
ужа́сно furchtbar
объясни́ть *v.* erklären
стекля́нный я́щик Glaskasten
кото́рая welche (die)
в углу́ in der Ecke

люди. Они даже пришли из другого вагона. Один лейтенант спросил:

– Долго ты ловил земноводных?

– Две недели.

– Интересный мальчик. Маленький, а какой умный.

Боря сказал:

– Моя бабушка тоже боится земноводных. О гадюке я ей ничего не сказал.

– О ком? – испуганно спросили некоторые.

– О гадюке!

– Значит, у тебя гадюка?

– Да, она у меня в банке, – Боря показал на банку.

Все очень серьёзно посмотрели на Борю и банку.

Женщина в углу повторила:

– Как ужасно! В поезде – гадюка!

А лейтенант засмеялся и спросил:

– А может быть, это не гадюка?

– Не гадюка! – возмутился Боря. – А как вы думаете, что это?

– Ещё один уж. А, ну, покажи!

– Нет, нет! – закричали все. – Зачем смотреть на неё? Это ужасно!

Мужчина сказал:

– Мне уже шестьдесят лет, но гадюку я ещё не видел. Давай, покажи!

Боря взял банку, посмотрел и испугался. Гадюки не было в банке. Он начал искать её и объяснил людям:

– Её нет! Она здесь была в банке. Сейчас её нет.

Все испуганно смотрели на пол.

– Как ужасно! Что будет с нами? Осторожно, гадюка! Мы не знаем, где она ползает! – кричали люди.

Почти все уселись наверху. Некоторые мужчины вместе с Борей искали гадюку. Вдруг один мужчина сказал:

– Здесь она, в углу лежит.

– Надо убить гадюку, – сказала одна женщина.

А мужчина ответил:

– Зачем убивать гадюку? Надо поймать её. Посмотрите на мальчика. Он работал, ловил гадюку для террариума, а мы хотим убить её!

у́мный klug
боя́ться *mit Gen.* sich fürchten vor
испу́ганно erschrocken
засмея́ться *v.* lachen
возмути́ться *v.* sich empören
закрича́ть *v.* schreien
заче́м wozu
испуга́ться *v.* erschrecken
иска́ть suchen
пол Boden
осторо́жно Vorsicht!
полза́ть kriechen
усе́лись наверху́ setzten sich nach oben
уби́ть *v.* töten
пойма́ть *v.* fangen

Стало очень тихо. Все испуганно смотрели, как мужчины вместе с Борей старались поймать гадюку.

Через несколько минут Боря крикнул:

– Ура! Она опять в банке!

– Поздравляю! – сказал лейтенант.

– Всем вам большое спасибо! – ответил Боря.

А женщина в углу сказала:

– Как хорошо, что поймали её. Через десять минут будет Москва. Мальчик, ты смотри за своей гадюкой.

– Извините, – ответил Боря, – обязательно.

(По Ю. Со́тнику)

ста́ло ти́хо es wurde still

кри́кнуть *v.* laut rufen

пойма́ть fangen

смотре́ть за (auf etwas) achten

Всё впереди

всё впереди́ *hier etwa:* noch alles vor sich haben

– Кем ты хочешь быть? – спрашивали Мышонка тёти и дяди.

– Слоном, – отвечал Мышонок.

– Молодец! – говорили ему тёти и дяди. – Мы остались мышами, а тебе все дороги открыты, только учись.

И мышонок учился. Учился на отлично.

– Всегда надо стремиться к чему-нибудь большому и светлому, – говорил Мышонку учитель Крот. – Будешь ещё слоном, у тебя всё впереди.

Мышонок окончил школу, пошёл на курсы слонов. Окончил их и получил диплом Большого слона.

Но слоном он нигде работать не мог, а мышью работать не хотел.

– Не горюй, – говорили Мышонку тёти и дяди, – ты ещё молод, у тебя всё впереди. Будешь ещё слоном. А не будешь – не беда. Мы же не слоны, а живём и не горюем.

Шло время. Мышонок с завистью смотрел на счастливых мышей, которые были просто мышами. И ждал, когда же наконец станет слоном.

– У меня всё впереди, – успокаивал себя Мышонок и смотрел на диплом. – У меня всё впереди.

Однажды он встретил Слона и спросил его:

– Как ты стал Большим слоном?

– Я слоном родился, – ответил Слон.

– А о чём ты мечтал с детства?

– Мечтал стать человеком, – ответил Слон.

– Почему же не стал?

– Стал, – ответил Слон. – Однажды я спас утопающих детей, и мне сказали, что я человек.

– Но ты же Слон! – удивился Мышонок. – Большой с хоботом…

– Внешний вид не главное, – ответил Слон, – главное, какой ты и что ты делаешь.

– Тогда и я стану человеком, – решил Мышонок.

(По Ю. Степа́нову)

мышо́нок Mäuschen
оста́ться *v.* bleiben
мышь Maus
откры́т offen
стреми́ться к *v.* nach etwas streben
крот Maulwurf
око́нчить *v.* beenden
нигде́ nirgends
горева́ть traurig sein
беда́ Unglück
за́висть Neid
счастли́вые glückliche
когда же наконец wann endlich
успока́ивать beruhigen
мечта́ть träumen
спасти́ *v.* retten
утопа́ющие ertrinkende
удиви́ться *v.* staunen
хо́бот Rüssel
вне́шний вид das Äußere
гла́вное Hauptsache

Конечно

У одного человека был попугай. Он долго учил попугая говорить. Но попугай не говорил ничего, кроме слова «конечно». Хозяин решил продать попугая на рынке.

Человек, который хотел купить попугая, спросил у продавца:

– Сколько стоит ваш попугай?

– Сто рублей.

– Почему так дорого?

Хозяин объяснил:

– Мой попугай очень умный. Он стоит этих денег. Если вы не верите, спросите его об этом.

– Эй, попугай, ты умный? – спросил покупатель.

– Конечно, – прокричал попугай.

Покупателю понравился попугай, и он решил купить его за сто рублей. Дома он стал задавать ему разные вопросы, но попугай на все вопросы отвечал: «Конечно». Новый хозяин попугая рассердился:

– Только дурак мог купить такого попугая за сто рублей!

– Конечно! – прокричал попугай.

(Таджикская сказка)

продáть *v.* verkaufen

объясни́ть *v.* erklären

у́мный klug

вéрить glauben

стал задавáть вопрóсы begann, Fragen zu stellen

рассерди́ться *v.* böse werden

дурáк Dummkopf

Медведь и заяц

Медведь увидел зайца и говорит ему:

– Заяц, я тебя съем!

– Как ты меня съешь? Я сильнее тебя!

Медведь удивился и сказал:

– Ну нет, ты очень маленький!

Заяц ответил:

– Посмотрим, кто из нас сильнее. Пойдём в лес. Кого звери будут бояться, тот и сильнее.

Пошли медведь и заяц в лес. Заяц впереди идёт, а за ним медведь. Звери видят медведя и убегают.

А заяц говорит:

– Вот видишь, как меня звери боятся!

Удивился медведь и говорит:

– Правда, тебя все звери боятся. Я сам видел, как они от тебя убегают. Ты сильнее меня.

Испугался медведь и убежал в лес. И смеялся же заяц над медведем!

медве́дь Bär
за́яц Hase
съесть *hier:* verschlingen
сильне́е stärker
удиви́ться *v.* staunen
зверь Tier
боя́ться fürchten
впереди́ voraus
убега́ть davonlaufen
сам selbst
испуга́ться *v.* erschrecken

Как Барсуку дом строили

Жил в лесу Барсук. Ничего не знал, учиться не хотел, а советы любил давать. Кто бы чего ни делал, он стоит и советы даёт: то не так, это не так. А надо вот так, и надо вот этак...

И решили лесные жители проучить Барсука.

Стал Барсук осенью дом себе строить. Пошёл он к зайцам и спросил:

– Вы можете мне дом построить?

Зайцы-мастера быстро построили дом.

– Где же окна? – спрашивает Барсук.

– Окна не нужны, – говорят мастера, – с ними зимой холодно.

– А где печь?

– Отличную печь сделали, только не в доме, а на опушке леса. Так и в доме свободно, и дрова не надо таскать далеко: лес рядом.

– Где же, наконец, дверь?

– Ну, а дверь прибили к дереву, чтобы гости стучались в дверь и тебя, Барсук, не беспокоили.

Понял тут Барсук, в чём дело. Зайцы дом ему строили по его же советам.

(По Ю. Степа́нову)

барсу́к Dachs
дава́ть сове́ты Ratschläge erteilen
кто бы чего́ ни дела́л wer auch immer irgend etwas tut
то jenes (das)
эта́к so
лесно́й жи́тель Waldbewohner
проучи́ть *v.* eine Lektion erteilen
ну́жен nötig
печь Ofen
опу́шка ле́са Waldrand
дрова́ Holz
таска́ть schleppen
дверь Tür
приби́ть *v.* annageln
стуча́ться klopfen
беспоко́ить stören
в чём дело was ist los

И Москва не сразу строилась

Легенда об Урале

Это было давно.

У высоких гор жили люди. Они пасли в горах овец, ходили в лес на охоту.

Однажды у одной женщины родился мальчик. Один очень умный старик долго смотрел на него и потом сказал людям:

– Он будет сильным и красивым, и мать даст ему имя Ур, – это значит Земля.

– Так и будет, – сказала мать и дала сыну имя Ур.

– Твой сын будет ждать девушку, – говорил старик. – Эта девушка спит в горах. Она проснётся, и тогда твой сын уйдёт вместе с ней в землю.

Мальчик стал высоким и красивым юношей. Однажды утром, как всегда, он пас своё стадо. Вдруг прилетел огромный орёл и схватил овцу. Юноша выстрелил в орла. Орёл упал на вершине горы. Ур пошёл в гору. Дорога была очень трудная.

На вершине горы Ур увидел девушку. Она сидела и плакала.

– Почему ты плачешь? – спросил юноша.

– Ты убил моего орла! – ответила девушка. – Я послала его на землю. Он должен был найти юношу Ура.

– Твой орёл привёл его к тебе.

– Так это ты Ур?

– Да. А тебя как зовут?

– Меня зовут Золотая.

– Что это значит?

– Золото – это такой камень. Его мало в земле. Пойдём, я покажу тебе этот камень и другие богатства земли.

Юноша пошёл за девушкой в землю.

– Ты будешь жить здесь со мной и охранять богатства земли, – сказала девушка. – Когда придёт время, мы покажем людям эти богатства и будем помогать находить их.

– Да, я останусь здесь с тобой, – ответил юноша. – Только дай мне кусок жёлтого камня и пойдём сначала к твоему орлу.

На вершине горы Ур сделал стрелу из жёлтого камня и послал её вниз. А потом последний раз посмотрел на солнце и ушёл с девушкой в землю.

пасти́ *v.* hüten
овца́ Schaf
охо́та Jagd
у́мный klug, weise
стари́к alter Mann
мать Mutter
дать *v.* geben
сын Sohn
ждать warten
спать schlafen
просну́ться *v.* erwachen
уйти́ *v.* fortgehen
ста́до Herde
прилете́ть *v.* geflogen kommen
орёл Adler
схвати́ть *v.* ergreifen
вы́стрелить *v.* schießen
упа́сть *v.* fallen
верши́на Gipfel
уви́деть *v.* erblicken
пла́кать weinen
уби́ть *v.* töten
посла́ть *v.* schicken
привести́ *v.* bringen
ка́мень Stein
бога́тство Reichtum
охраня́ть bewachen
находи́ть finden
оста́ться *v.* bleiben
кусо́к Stück
стрела́ Pfeil
вниз nach unten
со́лнце Sonne

Когда люди нашли золотую стрелу, умный старик посмотрел на неё и сказал:

– Жёлтый камень – это знак девушки, у которой остался Ур. На нашем языке этот камень будет называться Ал.

С тех пор и зовут эти горы Урал – Земля Золотая.

Урал – граница между Европой и Азией. Он богат разными полезными ископаемыми.

с тех пор seitdem

поле́зные ископа́емые Bodenschätze

Волга и Вазуза

Жили две сестры: старшая сестра Волга и младшая сестра Вазуза. Однажды они поспорили, кто из них быстрее. Долго они спорили. Потом решили утром бежать к морю. Кто быстрее добежит до моря, тот сильнее – решили они.

Вазуза хотела обмануть сестру. Она встала раньше и побежала к морю.

Когда Волга утром увидела, что её сестра ушла, она тихо пошла к морю. Скоро Волга догнала Вазузу, которая очень устала и не могла бежать дальше. Волга простила свою сестру, взяла её и понесла к морю. Так они вместе добежали до моря.

Эту легенду рассказывает народ о русских реках Волге и Вазузе. Река Волга начинается далеко на севере в деревне Волго. Там есть небольшой колодец. Из него течёт Волга. А река Вазуза начинается в горах. Зимой реки стоят. На них лёд. Весной Вазуза первая ломает лёд и течёт быстро. А Волга ломает лёд позже и течёт медленно.

Когда реки встречаются, Волга уже большая, а Вазуза очень маленькая. Вазуза впадает в Волгу, и Волга становится ещё больше. Она течёт с севера на юг через всю Россию и впадает в Каспийское море.

(По Л. Толсто́му)

ста́ршая ältere
мла́дшая jüngere
поспо́рить *v.* sich streiten

бежа́ть laufen
быстре́е schneller
сильне́е stärker
обману́ть *v.* betrügen

уйти́ *v.* weggehen, fortgehen
ти́хо *hier:* ruhig
догна́ть *v.* einholen
прости́ть *v.* verzeihen
понести́ *v.* tragen

коло́дец Brunnen
течёт fließt

лома́ть zerbrechen
лёд Eis
ме́дленно langsam

впада́ть münden

станови́ться werden

весь *hier:* ganz

По реке Камчатке

У нас на полуострове Камчатке есть замечательная река. Она так и называется – река Камчатка. Она небольшая и не глубокая, но если ты путешествуешь по этой реке, то побываешь в зонах разных времён года.

Когда мы утром отправились на моторной лодке в Усть-Камчатке, ещё лежал снег, и мы были тепло одеты. Мы плыли вверх по реке и уже вечером увидели цветущий жасмин. Стало тепло, и мы сняли тёплую одежду.

А через два дня мы видели только высокие горы, и было жарко. Мы лежали на берегу реки и загорали.

Географически это объясняется просто – на побережье полуострова Камчатки климат морской, а в горах – континентальный.

Вот какие у нас интересные и красивые места.

(По В. Некра́сову)

полуо́стров Halbinsel
глубо́кий tief
е́сли wenn
то dann
отпра́виться *v.* abfahren
бы́ли оде́ты waren angezogen
плыть вверх aufwärts fahren
цвету́щий blühend
снять (*v.*) оде́жду Kleidung ablegen
побере́жье Küste
морско́й Meeres-

Из дневника геолога

дневни́к Tagebuch

Уже несколько недель мы идём по таёжным лесам Нижней Тунгуски, притока Енисея. Наша задача – найти богатые залежи алмазов. С утра до вечера мы на ногах. Каждый день мы проходим приблизительно 5 километров, не больше. Наш руководитель, зовут его Григорий, идёт впереди с компасом и картой в руках. Наши условия очень трудные. Ведь поход по тайге – не прогулка по родному лесу. Почти на каждом шагу нас ждут опасности. Вчера, например, мы увидели красивое место со многими цветами. Григорий хотел пройти по этому месту, но это было опасное болото. С большим трудом мы спасли его.

Днём жарко и душно в этих лесах. И в них ещё целые тучи комаров. Помогают нам только москитные сети. Мы устали, но после обеда наш труд увенчался первым успехом, нашли кимберлит. Значит, мы, наверно, скоро найдём эти залежи алмазов. Вечером мы сидим довольные у костра, и тайга со своей богатой природой нам кажется очень красивой...

таёжный Taiga-
прито́к Nebenfluss
за́лежи алма́зов Diamantenlagerstätten
проходи́ть *hier:* laufen
руководи́тель Leiter
впереди́ voraus
усло́вие Bedingung
прогу́лка Spaziergang
шаг Schritt
опа́сность Gefahr
опа́сное боло́то gefährlicher Sumpf
спасти́ *v.* retten
ду́шно schwül
ту́чи комаро́в Wolken von Mücken (Mückenschwärme)
моски́тные се́ти Moskitonetze
увенча́ться krönen
кимберли́т diamanthaltiges Gestein
дово́льный zufrieden
приро́да Natur

Экономьте время

Шеф купил автомобиль. Говорил я ему, что не стоит этого делать, даже если он профессор.

– Темп жизни вырос, Петя, – объяснил мне шеф. – Надо экономить время.

И шеф стал экономить время. Месяца три он сидел над книжкой. В ней были все знаки дорожного движения.

Потом он учился водить машину. Потом он три месяца ходил сдавать экзамен. Так он сэкономил шесть месяцев. Наконец, он получил права.

На следующий день он приехал на работу на машине. После работы он подошёл к своей машине и пригласил меня:

– Садись! Сэкономь время. Тебе сколько остановок до дома? Пять? Через пять минут будешь дома.

Мы выехали на улицу. Шеф на дорогу не смотрел, а смотрел всё время вверх, где были знаки.

– Сейчас направо, – попросил я.

– Здесь только прямо, – сказал шеф.

«Только прямо» было ещё километра два. Потом мы повернули налево и поехали дальше.

– Что это за улица? – спросил шеф.

– Не знаю, – сказал я. – Я здесь первый раз.

– Ничего, зато посмотрим Москву, – успокоил меня шеф.

Кажется, когда едешь на машине, надо ехать туда, куда показывают знаки, а совсем не туда, куда тебе нужно.

Шеф всё время что-нибудь путал. Шофёры такси всё время что-то кричали ему.

Наконец мы приехали. Было около часу ночи. Я поблагодарил его, и он поехал дальше.

На следующее утро шеф позвонил на работу из больницы. Он рассказал, что у него была неприятная встреча с самосвалом.

Вот так шеф сэкономил ещё два месяца. Если так пойдёт дальше, шеф может сэкономить целую вечность. А он ещё нужен науке.

экономить sparen
сто́ит lohnt sich
темп жизни вы́рос das Leben verläuft jetzt schneller
объясни́ть *v.* erklären
зна́ки доро́жного движе́ния Verkehrszeichen
сдава́ть экза́мен Prüfung ablegen
права́ *hier:* Führerschein
подойти́ *v.* herantreten, hingehen
вверх nach oben
попроси́ть *v.* bitten
поверну́ть *v.* *hier:* einbiegen
зато́ dafür
успоко́ить *v.* beruhigen
совсе́м überhaupt
что-нибу́дь пу́тать irgend etwas durcheinanderbringen
что-то крича́ть irgend etwas rufen
поблагодари́ть *v.* danken
больни́ца Krankenhaus
неприя́тный unangenehm
самосва́л Kipper
ве́чность Ewigkeit
нау́ка Wissenschaft

Финтифлюшкин

У папы Финтифлюшкина,
У мамы Финтифлюшкиной,
У сына Финтифлюшкиных
(Ему девятый год!) –
Не драма, не комедия,
А личная трагедия:
Семейную фамилию
Малыш не признаёт.
Конечно, Финтифлюшкины
Совсем не то, что Пушкины…
Но всё же Финтифлюшкины –
Рабочий русский род:
Он был прославлен предками –
Кондитерами редкими,
Их чудо-финтифлюшками,
Что сами лезли в рот.
Но Феде Финтифлюшкину
Нет дела до того,
Поскольку друг за дружкою
Все дети «Финтифлюшкою»
Теперь зовут его.
Как жить с такой фамилией,
И как её терпеть?
Вот хорошо бы личную,
Совсем, совсем обычную,
Серьёзную, приличную
Фамилию иметь!
Бывают же фамилии
Без разных глупых слов:
Ну, скажем, просто Сидоров!
А лучше – Иванов!
Но так уже положено,
Что там, где есть семья,
Там папина фамилия
И мамина фамилия –
Семейная фамилия,
А, стало быть, твоя!
И Феде Финтифлюшкину
Я свой совет даю:
Носи, малыш, с достоинством
Фамилию свою!
А если ты научишься
Работать и мечтать,
Великим Финтифлюшкиным
Ты в жизни можешь стать!

(С. Михалко́в)

Финтифлю́шкин (ein Familienname) *vgl.* финтифлю́шка Krimskrams
сын Sohn
ли́чный persönlich
семе́йный Familien-
малы́ш Knirps
признава́ть anerkennen
совсе́м не то gar nicht zu vergleichen
всё же immerhin
род Geschlecht
просла́влен berühmt
пре́док Vorfahre
ре́дкий selten
чу́до Wunder
лезть rutschen
нет де́ла kümmert es nicht
поско́льку da
де́ти Kinder
терпе́ть ertragen
прили́чный anständig
глу́пый dumm
поло́жено festgelegt
ста́ло быть *hier:* folglich
сове́т Rat
досто́инство Würde
научи́ться *v.* lernen
мечта́ть träumen
вели́кий groß, berühmt
жизнь Leben